COLLECTION DE BROCHURES A DIX CENTIMES

PAUL FÉVAL

LA FRANCE S'EVEILLE

SOCIÉTÉ GÉNÉRALE DE LIBRAIRIE CATHOLIQUE

PARIS	BRUXELLES
V. PALMÉ	J. ALBANEL
76, rue des Saints-Pères, 76	29, rue des Paroissiens, 29

GENÈVE

GROSSET ET TREMBLEY, LIBRAIRES-ÉDITEURS

1880

LA FRANCE S'ÉVEILLE (1)

——→>>>✱<<<←——

I

J'ai un ami pieux, qui croit à la république et ne désespère même pas des républicains. Il déteste la sordide comédie à laquelle nous assistons, mais il dit en parlant des hauts barons de la féodalité démagogique : « Je les connais, ce sont d'assez bons drilles, qui ne voient pas plus loin que le bout de leur appétit. Pour commencer, ils ont attendu les gouvernements au coin des rues avec une arme qu'ils appelaient la liberté; c'était un vieux rasoir, mais M. de Bismarck lui a redonné le fil et cette ferraille a suffi pour couper la gorge aux gouvernements qui n'avaient pas la vie dure. Alors nos citoyens se sont mis à table et ont mangé, employant le temps qui est entre les repas à remplir leurs poches. Dès qu'ils auront une minute, ils s'occuperont peut-être enfin du *bonheur du peuple*, comme ils disent, mais ils ont tant d'ouvrage ! »

(1) Extrait de la *Revue du Monde catholique*.

Il est vrai que mon ami ajoute, en déplorant la maladroite vilenie des récentes persécutions : « Leur malheur est de ne pas pouvoir, de ne pas savoir et d'être, comme comédiens, inférieurs à leur rôle à tel point qu'il leur passe à cent pieds au-dessus de la tête. Ils n'ont lu que des livres mauvais et menteurs, où Dieu est platement calomnié par les sectaires. Ils ont à la fois peur de Dieu qu'ils ne connaissent pas, des sectaires qu'ils connaissent trop et du peuple engourdi dont ils pressentent le prochain réveil. Ils vivent de peur avant d'en mourir ; leur main est étroitement forcée, et ce serait une grande injustice que d'attribuer les sottises qu'ils font à la république ou à eux-mêmes. »

A qui donc alors et à quoi ?

Mon ami est un doux homme ; il a sans doute son idée, mais je ne l'ai pas encore comprise. Il prie pour que tel de nos ministres qui préside aux études d'autrui fasse enfin les siennes, et pour qu'un excellent général, connu jadis à Rome pour les excès de sa dévotion, reprenne ses édifiants exercices qu'il a interrompus momentanément pour obéir au f.·. président de sa L.·. et organiser l'important service qui met les enfants de troupe à l'abri des dangers de la messe. Il espère en la famille Grévy ; il compte sur M. Gambetta, dans l'épaisseur de qui le sabre du marquis Galiffet découperait aisément plusieurs Charlemagne, pour fabriquer la Commune-Empire de l'an prochain et restaurer peut-être le Pape-Roi. Au fond, rien n'est impossible. La conversion de saint Paul fut plus éclatante encore que cela.

La foi ne vit que de persécutions; c'est l'engrais propre à cette plante divine qui si souvent languit en d'apparentes agonies, mais ne saurait mourir. Les annales du catholicisme nous montrent d'âge en âge le bienfait des persécutions nourrissant l'Église avec une cruauté généreuse. Il n'y a pas encore bien longtemps, c'était sous le règne de Louis-Philippe, à la fois roi du *Journal des Débats* et meilleure des républiques, le saint curé de Notre-Dame-des-Victoires, M. l'abbé Desgenettes, s'agenouillait tout seul et pleurait abandonné dans son église, aujourd'hui si glorieusement encombrée. Il faut le blasphème pour chauffer la ferveur. Ce furent les timides attaques de ce régime modéré et son attitude de Pilate lavant ses mains dans la cuvette du juste-milieu qui rallumèrent inopinément la grande piété française par un petit coin bien humble d'abord, mais qui est allé s'élargissant d'année en année, —et qui gagne toujours, foyer plus vaste, plus brillant, plus brûlant à mesure que le blasphème, officiellement vainqueur, propage ses miasmes plus épais dans notre atmosphère déshonorée, — et qui va éclater en splendeur comme une gerbe d'expiations triomphantes dans le prochain holocauste dont les victimes sont publiquement désignées.

Les bourreaux reviennent, ils ont soif; les martyrs sont prêts et attendent. Ils savent que ce sera la fin et que, cette fois, la trop longue orgie roulera, râlera ivre, gorgée, gonflée, dans le sommeil particulier aux sangsues pleines et qui les tue.

Nous sommes au commencement de la peine, selon l'expression dérobée par la faconde opportuniste à une éloquence royale, nous serons tous à l'honneur, non seulement les survivants du combat, mais encore et surtout les morts, nés à la gloire éternelle. Et pendant que nous chanterons le Saint, Saint, Saint à la face de Dieu qui protège la France, dans quel fumier pourrira l'impure pléthore de la bête, gloutonne de sang jusqu'à en crever?

II

Il y a une belle église toute neuve au versant nord de Montmartre, une grande église, bâtie au centre de cette ville nouvelle qui fleurit dans l'ancienne prairie de Clignancourt. Elle regarde d'un côté le Mont des Martyrs, où le Cœur très sacré de Jésus aura demain sa miraculeuse basilique, de l'autre l'abbaye de Saint-Denis, illustrée par les reliques du patron de la France et par la sépulture de nos rois. Paris envahit avec une rapidité magique ces parages qui étaient hier une solitude, et l'avenue Magenta-Ornano, partie du vieux boulevard Saint-Martin, à la place du Temple, perce déjà sa conquête à travers la plaine de Saint-Ouen.

Voici quelques semaines, au jour de la Fête-Dieu, j'allai entendre les vêpres en l'église de Clignancourt, où ce maître de la parole, l'abbé F. Brettes, secondant son admirable pasteur,

M. le curé Pinat, entretient et anime une si robuste ferveur. Le mauvais vouloir de ceux qui sont puissants n'y peut rien; on dirait que le souffle chaud et vaillant de l'apôtre, préposé à la sainte chapelle du Vœu-National, descend les pentes de la montagne pour féconder la jeune paroisse, peuplée de chrétiens travailleurs.

En chemin, je m'en souviens, je causais avec mes souvenirs, imprégnés de mélancolie. Moi aussi je suis fils d'un fervent pays, où la procession de la Fête-Dieu, le SACRE comme on l'appelle là-bas, sort encore dans les rues, malgré la lâcheté des préfets à genoux devant la queue crottée du chien d'Alcibiade; seulement, on empêche maintenant par la force les soldats et les juges de suivre le Saint Sacrement. Dans notre France, peuplée de trente-cinq millions de catholiques, les généraux et les magistrats sont obligés de se déguiser en bourgeois pour rendre hommage à Jésus-Christ. Il y a de telles heures dans la vie des peuples, marquées par de telles hontes : Israël adora un veau. Après quelque trente siècles, le progrès veut que les foules, enfin éclairées, baisent la piste d'un sanglier domestique. Ces choses durent peu; il n'en reste rien quand elles ont vécu, sinon un enseignement profitable.

Je songeais ainsi et je revoyais, par la pensée, les foules chrétiennes qui déroulaient jadis, à pareille date, leurs sonores anneaux dans les vieilles rues de ma ville natale. Mon cœur battait comme si j'eusse entendu encore le chant recueilli des cantiques. Je revoyais les maisons, tendues de précieuses tapisseries ou de simple lin blanc, qui disparaissait sous la richesse de mille fleurs. D'une fenêtre à l'autre, tout le long du parcours, des guirlandes de perles traversaient la voie, suspendant les couronnes blanches et roses que le vent balançait au-dessus du saint évêque qui portait la vivante Hostie dans son ostensoir fulgurant, Le peuple s'agenouillait sur le passage du dais, le peuple immense, avide d'adorer son vrai Dieu sauveur.

Et ce n'était pas seulement les petites gens qui se prosternaient ainsi dans la poussière : les riches et les pauvres étaient là confondus, les puissants et les faibles, courbés sous le même niveau d'amour. J'ai cherché depuis, mais je n'ai jamais retrouvé ailleurs que dans l'émotion de ces joies si profondes l'image de la fraternité, l'image aussi de l'égalité, car notre bien-aimée religion peut seule réaliser ces rêves, dont l'incrédulité a fait de si odieux mensonges.

Ah ! notre France était belle ! et quand le saint cortège s'arrêtait devant l'éblouissement des reposoirs, quand les tambours, qu'on a proscrits aussi depuis, comme n'étant point assez prussiens, battaient aux champs, quand la musique militaire élevait sa voix grave et que le colonel commandait « genou terre ! » c'était merveille de suivre à perte de vue les méandres de ce suffrage universel de la foi. Le soleil arrachait des éclairs aux casques d'or des cavaliers, il y avait dans l'air un parfum d'encens, de palmes et de feuillées, l'harmonie des psaumes montait vers le ciel comme la fumée des sacrifices antiques, et la prière, tangible en quelque sorte, s'exhalait fièrement de ce faisceau de cœurs.

Alors, du haut des degrés vêtus de velours, une vénérable voix tombait, disant à Jésus présent : « Vous leur avez donné le pain du ciel », et mille bouches répondaient : « Le pain qui contient en soi toutes délices. »

Et l'évêque reprenait, la face cachée derrière les rayons de l'Hostie : « ô Dieu ! qui, dans le miracle de ce Sacrement, nous avez légué la mémoire de votre Passion, donnez-nous pour les mystères de votre corps et de votre sang un tel respect que nous ressentions en nous à toujours le fruit du sacrifice, payé pour notre rachat, par vous qui vivez et régnez dans les siècles des siècles. »

Puis c'était la bénédiction de Jésus-Christ, sagesse éternelle, « notre voie et notre vie », épandue en pluie de grâces sur tous ces fronts inclinés. Combien de regards étaient voilés par la joie des larmes !

Puis les enfants de chœur, souriant comme des anges, prenaient dans la gaze de leurs corbeilles des feuilles de roses et de buis pour en joncher le sol où le radieux fils de la Vierge allait continuer sa route fleurie...

Ainsi en était-il à Jérusalem, voici bientôt deux mille ans, quand le Sauveur y fit son humble et triomphale entrée, le jour des Rameaux ; mais le lendemain les pharisiens, électeurs de Barabbas, avaient empoisonné le peuple juif qui trahit Jésus-Christ avant la fin de la semaine et à l'unanimité cria dans le prétoire : « Qu'il soit crucifié ! »

*

Les temps sont revenus. Pilate, moitié de coquin dont le crime est d'avoir toujours la main forcée, est assis de nouveau à son tribunal; il ouvre d'une main la prison de Barabbas et ferme de l'autre la porte où la procession passait. On dit qu'il va élever des murs *bienveillants* au seuil des chapelles, transformées en sépulcres. La lâcheté ne meurt pas, ni l'hypocrisie, et nous avons été témoins de ce fait odieusement invraisemblable : deux commissaires de la république posant de sacrilèges scellés sur le Saint Sacrement, exposé dans le sanctuaire où sont les tombes des saints martyrs de la commune, Olivaint, Ducoudray, de Bengy, Clerc et Caubert, cela le 29 juin, au propre anniversaire du jour où Néron Auguste, idiot, libre-penseur et dieu païen, mit en croix, la tête en bas, saint Pierre, prince des Apôtres, — cela à deux pas de la foule pieuse qui pleurait au dehors, invectivée et outragée par des revenants de Nouméa, tout prêts pour le massacre de nouveaux otages!

Pilate moderne n'accomplit pas non plus ces ignominies de son bon gré, il subit une pression comme l'autre Pilate; n'ayons point contre lui de haine et que notre mépris soit mêlé à une commisération profonde. Il fait un dur métier qui mène à une dure fin.

Défendons-nous contre Pilate avec une énergie infatigable, serrons nos rangs autour de l'autel violé, que rien ne nous arrête ou ne nous étonne, combattons de la tête, du cœur, des mains, des ongles, des dents, combattons debout, combattons à genoux, et fussions-nous même terrassés, combattons encore de toute notre vie, de toute notre mort, dans la loi, s'il reste une loi, hors de la loi si on nous la vole, combattons nos misérables vainqueurs, victimes promises au châtiment énorme!

Haut les cœurs! Nous sommes pleins de Dieu; reculer nous est impossible puisque le trépas même est pour nous une naissance et que notre victoire certaine est dans le savoir-souffrir! Combattons, oh! combattons! courons joyeux à ce supplice d'un jour dont le lendemain est l'éternelle fête! Soyons sans colère, soyons sans faiblesse!

Déjà, au temps du Bas-Empire romain, la populace, maîtresse du monde, prenait des barbares pour en faire des empereurs. Je ne sais quel Prussien, parmi les barbares qui nous oppriment, a traité un jour de SUPERSTITION RÉPUGNANTE l'amour surnaturel que nous portons au très sacré Cœur de Jésus. On met les scellés sur Jésus lui-même, sur l'Hostie, comme Pilate chargea de liens le fils de Marie montant au Calvaire, combattons, souffrons, pardonnons! soyons patients comme nous sommes invincibles, et à l'heure même où notre supplice saigne, amassons le trésor de nos larmes en faveur des malheureux comédiens, gantés de frais, qui font manœuvrer sur le théâtre forain de notre politique les comparses à mains sales, et portent à leur front, touché par le perruquier, le signe redoutable de la prochaine vengeance de Dieu.

III

Ce jour de Fête-Dieu dont je parle, nous étions loin encore des monstruosités qui ont marqué la fin de juin, rue de Sèvres et dans toute la France, mais on les prévoyait; la folie noire et l'incurable pusillanimité de ceux qui nous gouvernent étaient connues, et peut-être qu'il fallait toute la honte, tout l'odieux de pareils excès pour provoquer brusquement le réveil de notre honneur national que nous voyons sortir de sa léthargie. Telle était du moins ma pensée pendant que je descendais les revers de Montmartre pour gagner l'église de Clignancourt. Je songeais au langage ambigu du chef de leur ministère qui, la gorge serrée par les voltigeurs de 93 et cohabitant malgré lui avec un bâtard de Danton, balbutie à tout propos : « La religion n'a rien à voir en ceci. » Volontiers, ajouterait-il, dévidant le fil blanc des habiletés de Tartufe : « Ce que nous en faisons c'est dans l'intérêt de la religion ! » Lafontaine a oublié ce trait de mettre dans la gueule sanglante du loup un serment d'amour pour les brebis.

Et notez que ces infortunés farceurs, le cœur soulevé par la nausée de leur crime, accusent la sainteté de Loyola de manquer de franchise! Et que le bon, le bien-aimé peuple, éternel enfant dont la cusiosité a soif, boit sans cesse l'ignorance de pareils professeurs, moins abrutis encore que perfides! Ah! notre monde est malade atrocement et il a des empoisonneurs pour médecins; on ne doit pas se plaindre de voir monter à l'horizon la menace du nuage charriant la crise terrible et nécessaire. Il faut que la foudre secoue et renouvelle de fond en comble le méphitisme de notre air. Que Dieu ait pitié de la France à l'heure du cyclone!

Il était commencé, cependant, le réveil des âmes, quoique la préfecture de police n'eût point encore employé le « rossignol » de la *pègre* radicale pour crocheter des serrures de moines, et quoique les officiers de paix attendissent encore l'ordre de leur ministre pour mettre Jésus-Christ sous les verrous comme un factieux, en compagnie des Pères, assassinés rue Haxo; j'allais voir, ce jour-là même, le sentiment chrétien s'étirer sur sa couche, tout prêt à surgir debout.

De loin, je remarquai avec une joyeuse surprise comme l'église était entourée et pressée par la foule des fidèles. Le flot s'engouffrait dans les portes grandes ouvertes et je hâtai le pas, car la crainte me prit de rester dehors avec ceux qui déjà renonçaient à entrer. De nouveaux venus ruisselaient sans cesse arrivant de Montmartre, de la Goutte d'or et du boulevard Ornano : il y avait, certes, de quoi emplir l'église deux fois, et les ouvriers, sans former la majorité dans cette affluence, y étaient au moins en nombre très imposant avec leurs familles. La famille d'un ouvrier chrétien est chose consolante à voir et véritablement belle, comme tout ce qui parle de notre guérison dans l'avenir.

**

La nef était comble quand je parvins à m'y glisser. Nous ne sommes pas ici au faubourg Saint-Germain et c'est ailleurs assurément que les duchesses vont entendre l'office. Tout était peuple dans cette vaste enceinte littéralement bondée : peuple riche par son travail ou peuple pauvre travaillant pour vivre. Je me sentis tout de suite dans une chaude atmosphère de foi et je m'agenouillai avec une profonde émotion que je n'ai pas toujours éprouvée au même degré à Saint-Thomas d'Aquin ou à Saint Sulpice : j'ai idée que du haut de sa montagne le Sacré-Cœur rayonne jusque-là.

Malgré moi, en priant, l'idée de la procession me revenait et je me disais : « Quelle fête ce serait si ceux qui sont ici, au dedans et au dehors, pouvaient accompagner la sortie du Saint Sacrement dans les vastes avenues dont le sanctuaire est entouré! »

Mais le règne de cette surprenante LIBERTÉ sous laquelle nous gémissons range ces désirs dans la catégorie des rêves : tout ce qui est bon, honorable, légitime et généreux doit se cacher derrière des murailles ou sous un voile; l'impudeur seule, le blasphème et l'ignominie ont le droit de paraître au soleil, comme le prouvent les imbéciles, les fangeuses caricatures étalées partout sous nos regards avec l'estampille de l'autorité. Nous vivons la tête en bas et au lieu de marcher sur nos pieds, c'est notre front qui est dans la boue.

Je n'eus pas, bien entendu, la procession souhaitée déroulant ses libres anneaux sous le ciel parmi les cantiques et les fleurs, non, c'était l'impossible, nous ne méritons plus cela, mais Dieu fait sa bonne volonté toujours et sait choisir pour ceux qui l'aiment de miraculeuses consolations : J'eus mieux.

J'eus la procession captive, il est vrai, obéissant au caprice de César épicier qui lui défend de franchir le seuil des parvis, mais je vis là une chose plus grande, plus touchante, plus majestueuse aussi que n'étaient en moi les souvenirs mêmes de mon pays et de mon enfance. Celui que nous servons peut tout et n'a besoin que de lui-même; à son heure il enferme l'immensité dans l'humble nef d'une église de banlieue et répand à flots dans l'étroite pauvreté d'une chapelle populaire l'océan tout entier de ses splendeurs. Que faut-il pour cela? qu'il le permette. Les espaces sans bornes sont à lui et il les fait entrer où il veut, comme il veut.

Je levai la tête parce qu'on touchait mon bras pour que j'eusse à livrer passage au Saint Sacrement descendant au long de la voie qui est devant le grand autel; j'étais absorbé dans ma prière et ce fut pour moi comme un sursaut. Je vis la croix haut portée, puis le clergé, puis le dais, puis les bannières en longue perspective, entourées de vierges blanches que suivaient deux files d'ouvriers le cierge à la main. C'était tout; il n'y avait là ni brillants uniformes militaires, ni magistrats revêtus de leurs robes écarlates comme au « sacre » de ma ville natale. Outre les prêtres et les petites filles, menées par les bonnes sœurs de Saint-Vincent de Paul, rien que des ouvriers, précédant la foule des pieuses paroissiennes.

C'était superbe et c'était énorme, pourquoi? Je tombai à genoux, le cœur dilaté par une reconnaissance sans bornes à l'aspect de ce cortège si simple qui m'apparaissait plus vaste, plus imposant, plus attendrissant surtout que mon rêve même, où l'émoi de mes regrets se mêlait pourtant à la passion de mon désir.

Combien étaient-ils donc ces ouvriers endimanchés, ces chers ouvriers qui me cachaient tout le reste? car je ne voyais qu'eux, et mon regard parcourait joyeusement avec admiration, avec gratitude, leur double file interminable qui s'allongeait sans cesse à mesure que le dais approchait. Si vous saviez ce qu'il leur faut de courage pour continuer seulement de croire en Jésus-Christ dans le milieu où ils vivent! Si vous saviez les efforts extravagants, mais perfides et infatigables, que la secte victorieuse amoncelle autour d'eux pour assiéger, pour étouffer leur foi! On les prend par le sophisme, par le mensonge de la tyrannie effrontément coiffée du bonnet de la liberté, par l'esprit de corps, par le sarcasme, plus terrible pour la jeunesse française que la honte même; on les prend aussi par la force, par le prétendu devoir des associations, on les prend jusque par la famine, car il y a de nombreux ateliers où les patrons *n'osent pas* donner de l'ouvrage au travailleur honnête et habile au dos de qui la secte a collé l'écriteau portant l'injure suprême : JÉSUITE!

Dieu étant la cible contre laquelle s'exerce

César, franc-maçon, tout fidèle à Dieu doit être traité en malfaiteur, et cette loi dérisoire est rigoureusement observée.

S'il leur faut, à ces enfants du peuple, une véritable vaillance pour s'obstiner dans leur foi si odieusement attaquée, est-ce parler avec trop d'emphase que d'appeler *héroïsme* le sentiment qui leur donne la force de manifester cette même foi en public hautement, à la face de tous, et de s'en parer comme les premiers fidèles répondant : « Je suis chrétien » devant la menace du martyre?

Paris moderne, il est vrai, n'entretient pas, comme la Rome de Néron, des lions et des tigres pour dévorer les saints, mais les multitudes abusées deviennent plus féroces que les tigres mêmes et les lions quand les petits Dioclétiens de la libre-pensée soufflent sur elles le poison de leur haleine. L'histoire des bêtes fauves, si quelque Henri Martin l'écrivait en nombreux et lourds volumes, contiendrait moins de sang que l'histoire de la révolution. A quoi bon les vraies hyènes à quatre pattes, quand on a en magasin un stock suffisant d'écrivailleurs et de braillards dont la dent baveuse peut inoculer la male rage à des cohues entières de chacals humains? Nos pères ont vu 93 qui eût fait peur à Julien l'Apostat, et nous avons vu 1871 qui lui eût fait honte! Nous verrons plus rouge et plus ignoble encore. Pendant que j'écris, j'entends la fête *nationale* qui hurle.

Combien étaient-ils ces humbles héros de la fidélité qui se délassai ici travail dans la

***

prière et faisaient une splendide escorte à leur divin modèle, Jésus ouvrier, tous les jours outragé si lâchement? Ils étaient beaucoup, ils étaient plusieurs centaines, et ne vous étonnez pas des battements de mon cœur, car pareille chose se voit rarement dans Paris. Moi, du moins, je ne l'avais jamais vue, sinon à Notre-Dame, les jours de réunion générale des Cercles catholiques. Mais ici, c'étaient tous gens du quartier, du quartier républicain par excellence.

Ah! si la République allait s'éveiller croyante et rejeter loin d'elle le hideux cauchemar du blasphème!

Ils passèrent devant moi depuis le premier jusqu'au dernier, et leur défilé dura longtemps, car ils étaient beaucoup, je le répète. Je n'ai point de paroles pour dire le grave, le profond recueillement de leur piété. Tous chantaient, égrenant les versets superbes du *Magnificat*, et la sonore virilité de leur chant inondait l'église. Il y avait des jeunes gens en majorité avec quelques enfants et quelques vieillards, et tous gardaient entre eux je ne sais quel mystérieux air de famille, parce que tous portaient uniformément sur leurs visages la modestie, la bravoure et la bonté. Quelle armée formeraient de pareils hommes!

Que dire? mon âme s'élançait vers Dieu. Je ne me souviens pas d'avoir savouré semblable allégresse. La prière jaillissait de moi pour la France.

Une seconde fois quelqu'un me toucha le bras et j'ouvris mes yeux pleins de larmes. C'était un prêtre de mes amis qui me demanda : « Comment trouvez-vous notre procession? » Je balbutiai : « Est-ce que c'est ainsi chaque année? » Il me fut répondu : « Non, la France se réveille; c'est l'effet de la persécution. »

Et mon ami ajouta : « Venez le 16, rue Championnet, 10, à la bénédiction de l'école libre que nous avons bâtie à nos Sœurs, chassées de leurs classes par le Conseil municipal, vous verrez quelque chose de plus frappant et de plus beau. »

IV

« La France se réveille! » O Dieu, puisse-t-il être vrai! Nous avons dormi un funeste sommeil, il est plus que temps d'ouvrir enfin nos yeux.

L'histoire des Sœurs de Clignancourt ne diffère en rien des autres aventures si monotones et si pitoyables qui ont signalé le passage du préfet Hérold à l'Hôtel de Ville. Paris se souviendra des ruines qu'il a faites. Les Sœurs tenaient, avec un grand succès et à la satisfaction unanime de ce quartier populaire, l'école communale de la rue du Mont-Cenis. Au mois d'avril, sur l'injonction d'un Hovelacque quelconque, le préfet les mit dehors assez brutalement et les remplaça par des institutrices laïques dont je n'ai rien à dire.

Les Sœurs avaient cinq cents élèves, les laïques en gardèrent le dixième ou à peu près : c'est la proportion ordinaire.

Le 17 avril, les Sœurs ouvrirent une école libre provisoire, rue Versigny, en attendant que M. le Curé leur fît bâtir une maison. Dans ce pauvre asile, comme de juste, toutes les chères élèves de l'ancienne école revinrent à elles. La nouvelle école qu'on devait inaugurer le 16 juin était la maison bâtie par M. le Curé.

Le 16 juin, je ne manquai pas au rendez-vous accepté. Tout Clignancourt était en fête. Il y a loin de l'église paroissiale à la rue Championnet ; dès l'église pourtant je commençai à rencontrer des familles conduisant leurs jeunes filles à la cérémonie que Mgr l'Archevêque de Larisse, coadjuteur de Son Eminence notre Cardinal de Paris, avait fixée à une heure de l'après-midi. Un joyeux mouvement s'accusait surtout à partir du boulevard Ornano, et quand j'arrivai rue Championnet, les deux trottoirs et la chaussée étaient pleins de voisins curieux et amis.

J'entrai dans une large cour, précédant la charmante école qui est grande, qui est riante, qui est surtout très intelligemment disposée. La foule y était drue, mais les bonnes Sœurs m'ouvrirent un passage jusqu'à la salle où avait lieu la bénédiction.

Les gens de M. le Préfet disent et écrivent à satiété que l'expulsion des Sœurs est un *bienfait vivement ressenti par la population*. Je dis, moi, j'écris et je vais le prouver avec surabondance, que la population tient aux Sœurs, que la population les aime et que si le malheur voulait qu'on pût les supprimer tout à fait, ce serait un désastre pour la population, même à Montmartre.

Assurément, il n'y avait point là prédominence de l'élément aristocratique. La foule était faite surtout de femmes du peuple, d'artisans et d'ouvrières; il y avait beaucoup de pauvres portant le triste uniforme de leur indigence. Eh bien! la sympathie était universelle et s'exprimait hautement. J'affirme qu'on n'aurait pas trouvé là une seule voix dissidente pour rompre l'unanimité de la sympathie et de la reconnaissance.

Au dedans, c'étaient les pères et les mères des élèves, massés dans le vestibule et jusque dans les escaliers. La salle était occupée par le clergé, par les invités, par les braves et généreux citoyens auxquels est due la fondation de l'école et par quelques dames bienfaitrices placées au-devant des chères petites filles, véritables héroïnes de la fête. Au fond s'élevait l'estrade où Mgr Richard siégeait, entouré des membres du comité paroissial dont l'excellent président tenait la seconde place d'honneur.

Je fus saisi dès mon entrée par le souffle de joie et d'amour qu'on respirait en ce lieu, où tous les visages rayonnaient. Une voix claire et douce parlait; j'écoutai. La belle petite voix appartenait à un amour d'enfant qui continuait de réciter son « compliment » adressé à Monseigneur et commencé avant mon arrivée : « ... Jésus aimait les petits enfants. *Laissez venir à moi les petits enfants*, disait-il à ses Apôtres (1). Vous

(1) La fête arrangée pour M. Gambetta, à Belleville, a parodié tout cela misérablement.

êtes le représentant de sa divine bonté, Monseigneur, mais vous n'attendez pas que nous allions vers vous; vous devancez nos désirs en nous apportant jusqu'ici vos bénédictions et celles du révéré Cardinal, père de nos âmes... Nous ne saurons pas vous remercier dignement, ni vous dire à quel point votre présence est pour nous un heureux présage. Bénissez notre maison de paix, bénissez notre pasteur, infatigable dans le soin qu'il prend de nos âmes, bénissez nos admirables bienfaiteurs dont la générosité nous a ouvert cet asile, bénissez nos saintes maîtresses qui sont pour nous des mères, et bénissez-nous, Monseigneur, nous, leurs enfants, qui apprenons d'elles la science d'être bonnes sur la terre pour remporter le prix du ciel... »

Il y eut une larme dans les yeux de l'archevêque, et je crois bien que nous pleurions tous un peu, tant ces choses, fleuries de simplicité, étaient dites avec la grâce exquise que le cœur enseigne. Tout de suite après, le cher curé, M. Pinat, ému comme la belle petite fille et plus joyeux encore, vint faire aussi son compliment. Celui-là, je voudrais le reproduire ici tout entier, car j'ai rarement entendu quelque chose de mieux senti, de plus gai, de plus cordial, de plus délicat aussi, de plus spirituel et, tranchons le mot, de plus charmant. C'était l'histoire complète de l'école chrétienne de Clignancourt, depuis le début de la burlesque persécution du préfet, esclave de son Conseil municipal, jusqu'au triomphe final des excellentes Sœurs, réintégrées dans *leur* maison nouvelle, où M. Hérold, qui « est de la vache à Colas », comme chantait son papa mélodieux, ne pourra plus entrer violemment pour jouer son bout de rôle de *Néronnet* en pain d'épices. Néron, du reste, était aussi un très bon musicien. Je ne souhaite pas sa mort souillée à l'honorable libre-penseur, héritier des droits d'auteur du *Pré-aux-Clercs*, qui gouverne si étrangement notre esquif municipal.

Aussitôt, nous raconta le curé, que l'école communale tenue par les Sœurs fut « laïcisée », pour employer le très-vilain mot, cher à M. le préfet, un mouvement se fit dans les âmes qui allèrent s'éveillant de proche en proche. Les sœurs étaient aimées tendrement, on avait en elle une confiance absolue. Encore une fois, je n'ai rien à dire contre les institutrices favorisées par le gouvernement, sinon que leur clientèle est rare, malgré tout l'argent prodigué pour leur acheter quelques élèves. La même pensée vint à M. le curé d'abord, puis à tout le monde : « Il faut garder nos sœurs. »

Il y a un éloquent à Clignancourt, l'abbé Brettes, dont l'entraînante et magnifique parole est célèbre dans tout Paris chrétien ; le comité improvisé lui demanda un sermon, et quand il l'eut prêché, l'école, prête à ressusciter, avait sa caisse. Le lendemain, on se mit au travail ; M. le curé nous dit comme quoi il quêta lui-même de l'argent ; comme quoi il quêta un architecte, un terrain, des pierres de taille et le reste : je ne puis pas vous rendre cela, il eût fallu entendre le récit fait par l'excellent prêtre et sentir les battements de son cœur, pendant qu'il remerciait le propriétaire du terrain donné, l'architecte, l'entrepreneur et tous les autres qui s'étaient prodigués eux-mêmes pour l'amour de Dieu. Les mains du saint archevêque qui était tout oreilles, se rapprochaient d'elles-mêmes dans la bonne envie qu'il avait d'applaudir.

Bref, selon le témoignage de M. le Curé, chacun fit beaucoup plus que son devoir; ce fut comme un assaut de générosité, de charité, de talent, de vaillance féconde, et la maison de Dieu, élevée comme par miracle, jaillit de terre en quelques mois. L'arrêté de *laïcisation* (révérence parler) avait été frappé le 31 janvier 1880; au milieu de mai l'école achevée recevait sa toiture et on l'inaugurait solennellement le 16 juin.

Et notre respecté coadjuteur prononçait devant la foule attendrie des pères, des mères, des élèves et des fidèles, venus quelques-uns de très loin, une de ces allocutions bien-aimées, où il sait mettre toute la grandeur si paternelle, toute la simplicité si pénétrante, mais si large de son admirable cœur.

Notre funeste sommeil tire à sa fin, je commençais à le croire : en l'écoutant, nos poitrines étaient gonflées d'espoir et de reconnaissance; et bientôt après, il nous sembla que les paroles de la bénédiction archiépiscopale épandues sur tous ces fronts candides se relevaient en faisceau de promesses, garantissant pour la France réveillée les compensations de l'avenir.

Tous furent bénis avec la maison sainte : les chers enfants, les parents, le clergé, les bienfaiteurs. La main inépuisable de l'apôtre versa le trésor des grâces jusque sur la foule curieuse et heureuse qui emplissait les salles voisines, le vestibule et les cours, puis la bénédiction se mit en marche et parcourut la maison entière pour la gratifier en détail : les salles d'études et de récréation, les dortoirs, les réfectoirs, la chapelle, le logis des religieuses, tout jusqu'au moindre recoin eut sa part de sanctification.

Cela dura longtemps, car la maison est grande; et l'émoi des témoins ne se lassait pas plus que l'ardente piété du prélat dispersant les largesses célestes. J'essayais de ne jamais perdre de vue les enfants dont la joie contagieuse me gagnait; ce fut une aimable, une fervente fête, dont le souvenir restera en moi comme une chaleur et un parfum.

Quand Monseigneur Richard nous quitta enfin, la paupière mouillée, ce fut pour aller à un autre devoir; il avait hâte de monter à la chapelle provisoire du Vœu-National, où il devait donner le salut du Saint-Sacrement; il avait hâte, disons-nous, et cela se voyait, de verser dans le cœur même de Jésus, au milieu de la foule amoureuse qui se renouvelle incessamment sous les voûtes de ce roi des sanctuaires, le trop-plein d'allégresse débordant de son âme.

V

Or, voulez-vous connaître le résultat de cet acte (que nous ne qualifierons par aucune épithète), commis par M. le préfet de la Seine et son maître collectif, le Conseil municipal, chassant les religieuses de l'école populaire pour les y remplacer par des institutrices laïques? Il est bon d'exposer un pareil résultat au moment où prend fin le sommeil de la patrie et de donner à cette révélation toute la publicité possible, car ce résultat n'est pas particulier à Montmartre, ni même à Paris, il est le même partout d'un bout à l'autre de la France sans exception. Nulle part les tyrannies de la libre-pensée, ses iniquités et ses violences n'ont réussi à rien, sinon à prouver l'impuissance absolue de l'incrédulité qui n'a pas même de quoi remeubler avec son mal les maisons ravagées qu'elle a spoliées de notre bien.

Voici des chiffres : M. le préfet a mis à la place des religieuses qui obtenaient chaque année quinze ou vingt certificats d'études pour leurs élèves aux examens, des dames laïques qui n'en obtiennent que deux ou trois au plus, et qui parfois n'en obtiennent point du tout. Ces dames laïques ne mènent pas des trains de princesses, mais elles coûtent *quatre fois* et souvent *cinq fois* plus cher aux contribuables que les humbles religieuses.

Ces dames laïques, selon le dire de M. le préfet, en savent *beaucoup plus long* que les religieuses; ce serait donc alors qu'elle feraient économie de leur science et n'en livreraient pas bon poids aux familles pour l'argent qu'on leur donne? Les examens sont là, témoignage irrécusable, les inspections aussi : l'ignorance des sœurs, en n'importe quel genre de concours, a constamment eu l'avantage sur le prétendu savoir des dames laïques : c'est un fait administrativement constaté.

Serait-ce peut-être, de la part de M. le préfet, fils de l'Opéra-Comique, affaire d'ombrageuse moralité? On l'a dit en se tenant à quatre pour ne pas éclater de rire. Dieu me préserve de rien écrire qui puisse être une insinuation contre des femmes! Je ne demande pas mieux que de croire aux bonnes mœurs des dames laïques, mais s'il fallait comparer leur vertu à celle des Sœurs de Saint-Vincent de Paul, je solliciterais un congé et je prends la liberté ici de couper court, afin de rester charitable.

Il est vrai que M. le préfet s'écrie : « Vous êtes à côté de la question ; c'est le vœu public qui nous a seul guidés et entraînés : LE PEUPLE NE VEUT PLUS DES SOEURS !

Qui trompe-t-on ici ! Où M. le préfet prend-il ses almanachs? Qu'il se donne la peine d'aller inspecter ses classes laïques si coûteuses, si improductives et si vides ; nous le mettrons au défi de trouver un abri sous le toit délabré de son argument, percé à jour !

Pour ne parler que de Montmartre, où nous sommes, quartier populaire entre tous, l'immense école *laïcisée*, qui était si pleine du temps des sœurs, contient maintenant 60 élèves qu'on a bien du mal à y retenir, et la nouvelle école des Sœurs, ouverte d'hier, en réunit déjà plus de 650. Il y en aura 700 demain, après-demain 800. On a beau prodiguer des millions pour diriger les enfants du peuple vers les dames et demoiselles protégées par le Conseil municipal, le peuple les idolâtre, puisque le Conseil municipal le dit, le peuple les désire, mais le peuple continue d'envoyer ses enfants chez les Sœurs qu'il méprise et qu'il déteste. Comprenez-vous? singulier peuple, n'est-ce pas? serait-ce donc que le conseil municipal ne connaît pas son peuple? J'aimerais mieux croire cela que de l'accuser brutalement de mensonge.

Cependant, les résultats sont là, les chiffres éblouissants crèvent les yeux des sectaires, aussi bien pour ce qui regarde les Frères de la doctrine chrétienne que pour ce qui à trait aux religieuses de la charité. Au point de vue des succès obtenus, dans l'enseignement chrétien d'une part, de l'autre, dans l'enseignement universitaire, la balance est établie, tous les ans, par les statistiques *officielles* que chacun peut consulter et qui sont écrasantes en faveur des maîtres chrétiens, pitoyables du côté des maîtres qui ne le sont pas.

La passion de parti et la haine vont-elles donc jusqu'à frapper les sectaires de complète cécité? Ces bavards qui nous rebattent les oreilles de leur instruction obligatoire sont-ils, au fond, les ennemis mortels de toute instruction? Leur aveuglement incurable est-il vraiment ce qu'ils appellent avec emphase LA LUMIÈRE, et se vengent-ils de n'y voir goutte en criant à tue-tête que le soleil est une imposture à côté des lampions fumeux qu'ils allument en plein midi? A Athènes, république aimable, on appelait chiens (cyniques) les philosophes de cette sorte qui avaient pour préfet Diogène, remplaçant le grand jour par une lanterne.

Mais ne parlons plus de Montmartre, qui n'est qu'un petit coin de la patrie, regardons la France entière, affligée, de l'est à l'ouest et du nord au sud, de préfets opportuneux comme M. Hérold et de conseils municipaux « avancés », où M. Hovelacque trouverait beaucoup de bas-comiques aussi bien doués que lui pour provoquer le rire de la pitié; partout l'état de la question était le même, partout les Frères et les Sœurs donnant leur dévoué travail presque gratuitement prenaient la part du lion, dans les succès scolaires, contre les instituteurs et institutrices laïques coûtant le quadruple ou le quintuple au budget des communes; partout aussi préfets et conseils obéissant à un mot d'ordre venu d'en bas, ont brisé le côté victorieux de la concurrence enseignante au mépris de l'intérêt des enfants et de la bourse des contribuables, ont chassé les sœurs, ont chassé les Frères avec des brutalités inouïes, ont commis même, dans le feu de la persécution, des actes de brigandage déjà vengés par les tribunaux; partout enfin, des écoles nouvelles se sont élevées pour abriter les expulsés, écoles aussitôt emplies que bâties et regorgeant magnifiquement d'élèves auprès des classes laïques désertées. La France s'éveille.

Ce ne serait pas assez de dire que les persécutés ont retrouvé tous leurs enfants, d'autres enfants sont venus à eux en foule. Le bon sens du peuple a parlé, malgré le vin de calomnies et de sophismes dont on l'abreuve avec une perfidie si prodigue. L'enseignement chrétien proscrit, écrasé, traqué, n'a pas perdu un seul élève, on peut l'affirmer, et il en a gagné par milliers. C'est encore là un fait indéniable et qui ressemble comme deux gouttes d'eau à un miracle.

VI

Ils n'en veulent plus de miracles, mais ce qu'ils veulent importe peu, et les miracles les entourent d'un cercle de flamme. Je disais naguère dans *le Glaive des désarmés*, en dressant le bilan de ce formidable et paisible scrutin L'UNION DE PRIÈRES des catholiques, je disais : « Nous vaincrons ! » Je le répète : nous vaincrons par notre vie ou par notre mort, car il faut toujours, dans les combats de la foi, qu'un certain nombre de victorieux tombent sur le chemin du triomphe. Les choses ont marché depuis lors, l'âme de la France a été secouée par l'excès de sa honte et se dresse en un splendide réveil.

Qu'importent les obstacles ou le danger ? l'heure a sonné, l'élan est pris ; nous assisterons bientôt, nous assistons déjà à un mémorable spectacle. Il ne s'agit plus des violences timides de l'article 7, il ne s'agit même plus des obscènes violences commises en exécution des décrets d'oppression ; la question est debout devant nous dans les termes mêmes où l'a posée César opportuniste : entre le Bien et le Mal, entre Dieu tout-puissant et l'impotence de l'athéisme.

Quelqu'un s'est déclaré impudemment le persécuteur de Dieu, et le gouvernement que ce quelqu'un dirige dans l'ombre, a fait sienne sa devise de cabaret. D'un pas titubant ils sont partis en guerre contre Dieu invalidé, remplaçant le courage qui leur manque par l'effronterie et le talent qu'ils n'ont pas par la passion. Leur haine les tient debout ou à peu près ; ils ont frappé les premiers à l'aveugle et à tour de bras, croyant éventrer le cadavre d'une grande force, décédée de vieillesse. Ils l'ont dit et ils riaient.

Mais la grande force ainsi attaquée vivait sans bruit de sa vaillante et immortelle jeunesse ; elle n'a pas rendu coup pour coup, c'est vrai, elle s'est dressée seulement devant eux et leur ivresse étonnée a entrevu la résistance des choses qui ne meurent pas.

Alors, ils ont compris qu'ils avaient besoin d'aide, car l'assaut allait être rude, et comme ils ne pouvaient trouver d'alliés, pour ce rebours de croisade, parmi les honnêtes gens, ils ont cherché ailleurs et mis en branle la cloche de l'amnistie dont le tocsin appelle ceux qui précisément ont soif de leur sang, encore plus que du nôtre.

Faut-il avoir pitié de leur misère ? Ils avaient essayé de trancher la France en deux, de « faire deux Frances », pour employer leur propre jargon, et ils avaient réussi, mais les voilà pris entre ces deux Frances dont aucune ne leur appartient : la France sauvage et la France chrétionne, et ils en sont à mesurer avec un risible effroi les dents aiguisées de leurs étranges amis qui s'apprêtent à les dévorer.

Que vont-ils faire pour sortir de ce mauvais pas sans y laisser leur sac et leur peau?

Nous souhaitons sincèrement que les férocités qu'ils ont déchaînées en tremblant les laissent végéter leur pauvre restant de vie ou leur donnent du moins le temps de se repentir, mais, en conscience, nous avons autre chose à faire que de suivre le détail de cette agonie; nous ne leur devons que le pardon. Notre attention va d'un autre côté malgré nous; la France de l'honneur, la vraie France nous appelle, et quoi que nous en ayons, tous nos regards sont pour le réveil si longtemps attendu de la patrie.

Il se fait, ce réveil, voyez plutôt; écoutez! admirez! La patrie gisait blessée et paralysée, la voilà qui se retrouve et se relève; je la reconnais, qu'elle est belle! Ses malheurs ne l'ont point avilie, on sent qu'elle va bondir hors de sa couche toujours jeune, toujours fière, toujours invincible.

A l'heure même où de sinistres exécutions salissaient son sommeil, en violant, sous le masque de la loi, tout ce que la loi a mission de protéger : la liberté, le domicile, la propriété, la conscience, un doigt mystérieux l'a touchée à l'épaule et son engourdissement a pris fin. De libres voix ont aussitôt éclaté à Paris, comme en province, retrouvant les accents des jours d'honneur, et d'immenses foules se sont rassemblées pour entendre ces voix et y applaudir; les assemblées politiques elles-mêmes si cruellement déchues ont pu écouter tout à coup de mâles accents. L'armée a gardé le silence, bien conseillée par le respect de la discipline, mais on connaît les cœurs qui battent sous l'uniforme, et les pasquinades de certains chefs n'empêchent pas plus que les hurlements de certains ivrognes, n'empêchent point, dis-je, d'ouïr le souffle de tant de consciences héroïques, bâillonnées par le devoir.

En dehors de l'armée, muette, mais frémissante, il n'est point de classe sociale qui n'ait parlé : les riches, les pauvres, les vieux, les jeunes, les hommes et les femmes; le clergé séculier, que l'antechrist croyait avoir séparé des martyrs, a fulminé sa douleur éloquente ; le barreau, qu'on disait vendu à d'ambitieux calculs, appuie, par une adhésion presque unanime et qui restera historique, la superbe protestation du bâtonnier des avocats de Paris, confirmée en splendeur par l'illustre maître, Demolombe, dont tous les jurisprudents modernes acclament la supériorité; la magistrature, enfin, qu'on pensait avoir *épurée* (car ils ont de ces malhonnêtes contre-sens !), a poussé, par la démission de ses meilleurs membres, un cri de réprobation si puissant que l'Europe entière en a tressailli!

Que grâces soient rendues au Seigneur! ce mois de juin, qui sera une date dans nos annales révolutionnaires, a tenté un acte infâme, mais il a sonné à la fois le glas et le réveil; le glas de nos hontes et le réveil de nos gloires.

Est-ce la réponse immédiate à l'ardeur de nos prières, ou faudra-t-il encore attendre un peu de temps? Saint Martin, le soldat, apôtre des Gaules, disait : *Non recuso laborem*; nous aussi, nous acceptons l'attente et la souffrance. Espérons, travaillons, prions. La mesure comble a débordé, nous sommes au seuil d'une nouvelle ère et nous ne dormons plus.

Plusieurs se demandent déjà quel guide la Providence va susciter à Notre France, fille aînée de l'Église, hésitant comme elle le fait devant une route inconnue. Tout homme a ses désirs et ses espoirs, les miens sont ardents, mais je n'écrirai pas un seul mot de politique dans cette page, tracée en union avec la grande prière pour les persécutés et qui est elle-même comme une prière.

Prière adressée, ai-je besoin de le dire! non pas aux persécuteurs, car ceux-là ne peuvent plus rien, sinon vider le fond de la coupe où quelques gouttes de mal restent encore à boire : le carnaval de leur dictature est à bout, et les voilà glissant déjà sous la table du festin gourmand qui les tue, — mais prière exhalée vers le Cœur divin de Jésus, mon maître éternel, roi qui ne peut être détrôné et qui jamais n'abdiquera.

Quelqu'un, je le répète, a dit, dans l'excès inexplicable de ses prospérités, une phrase d'argot politique, désormais célèbre, et qui signifiait en français : « Dieu, voila l'ennemi! » En parlant ainsi, il a blasphémé contre le Saint-Esprit, comme Judas. Puisse Jésus, fils de Marie, à l'heure des suprêmes épouvantements qui approche, abaisser jusqu'à ce malheureux le regard de son infinie miséricorde et lui pardonner le crime auquel a été refusée l'universelle promesse de pardon !

L'amnistie du ciel ne peut errer honteusement comme celles de la terre, car elle ne va jamais qu'à ceux qui se repentent et qui prient. Cet homme était assis comme un cauchemar sur la poitrine de la France endormie ; la France éveillée sera clémente, parce qu'elle sera forte : demandons grâce pour tous et même pour lui !

Paris. — E. de Soye et Fils, impr., pl. du Panthéon, 5.

PUBLICATIONS

DE LA

SOCIÉTÉ GÉNÉRALE DE LIBRAIRIE CATHOLIQUE

V. PALMÉ, 76, rue des Saints-Pères, Paris

ŒUVRES DE PAUL FÉVAL

Jésuites! Un volume in-12, dix-huitième édition... 3 »

Les Etapes d'une conversion, première série. Un volume in-12, dix-septième édition............. 3 »

Pierre Blot, second récit de Jean, deuxième série des *Etapes d'une conversion*. Un volume in-12, vingtième édition............................ 3 »

La Première Communion, troisième série des *Etapes*, sixième édition....................... 3 »

La Fée des grèves, légende bretonne. Un volume in-12, sixième édition........................... 3 »

L'Homme de fer, suite à *la Fée des Grèves*. Un volume in-12, quatrième édition.................. 3 »

Les contes de Bretagne. Un volume in-12, dix-septième édition............................. 3 »

Le dernier chevalier. Un volume in-12, troisième édition...................................... 3 »

Frère Tranquille, anciennement *la Duchesse de Nemours*. Un volume in-12, troisième édition...... 3 »

Châteaupauvre, voyage au dernier pays breton, sixième édition, augmentée d'un *avertissement* de l'auteur. Un volume in-12......................... 3 »

La Fille du Juif-Errant. Un volume in-12, 3 » deuxième édition.............................. 3 »

Le Château de velours. Un volume in-12, troisième édition.............................. 3 »

La Louve. Un volume in-12...................... 3 »

Valentine de Rohan. Un volume in-12.......... 3 »

Les romans enfantins Un volume in-12......... 3 »

Le Mendiant noir. Un volume in-12............. 3 »

Veillées de famille. Un volume.................. 3 »

Le Poisson d'or. Un volume...................... 3 »

Corentin Quimper. Un volume................... 3 »

Rollan Pied de Fer. Un volume.................. 3 »

Chouans et bleus. Un volume.................... 3 »

Les Errants de nuits. Un volume................ 3 »

La reine des épées. Un volume.................. 3 »

Les Merveilles du Mont Saint-Michel. Un v. 3 »

Le Couteau d'or. Un volume...................... 3 »

Fontaine-aux-Perles. Un volume................. 3 »

Pas de divorce, réponse à Alex. Dumas fils. Un vol. 3 »

Le denier du Sacré-Cœur. Un vol, brochure.... » [illegible]

Pierre Olivain. Un volume, brochure........... » 10

www.ingramcontent.com/pod-product-compliance
Ingram Content Group UK Ltd.
Pitfield, Milton Keynes, MK11 3LW, UK
UKHW020503230726
13925UKWH00005B/2076